Hungarian Dance in f shar

7
Grand Piano
Instrument17
Instrument18
Instrument19
9
Grand Piano
Instrument17
Instrument18
Instrument19

12
rand Piano
trument17
trument18
trument19
14
nd Piano
rument17
rument18
ument19

16
Grand Piano
Instrument17
Instrument18
Instrument19
19
Grand Piano
Instrument17
Instrument18
Instrument19

22
rand Piano
trument17
trument18
trument19
25
nd Piano
rument17
rument18
ument19

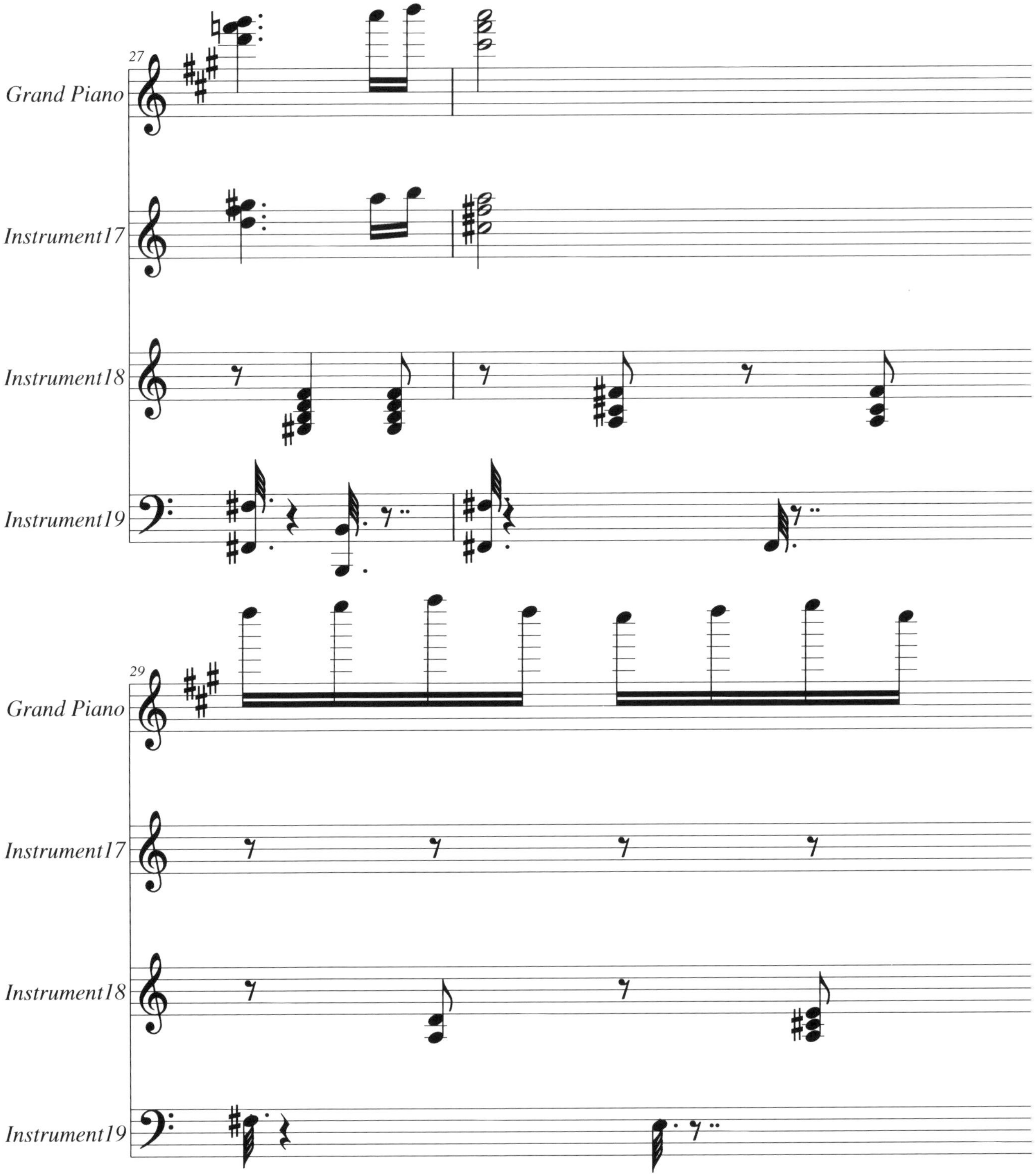
27
Grand Piano
Instrument17
Instrument18
Instrument19
29
Grand Piano
Instrument17
Instrument18
Instrument19

30
d Piano
ument17
ument18
ument19
32
d Piano
ument17
ument18
ument19

35
Grand Piano
Instrument17
Instrument18
Instrument19
38
Grand Piano
Instrument17
Instrument18
Instrument19

41
and Piano
trument17
trument18
rument19
44
and Piano
rument17
rument18
ument19

46
Grand Piano
Instrument17
Instrument18
Instrument19
49
Grand Piano
Instrument17
Instrument18
Instrument19

52
d Piano
ment17
ment18
ment19
55
d Piano
ment17
ment18
ment19

58
Grand Piano
Instrument17
Instrument18
Instrument19
60
Grand Piano
Instrument17
Instrument18
Instrument19

62
and Piano
trument17
trument18
rument19
65
nd Piano
rument17
rument18
ument19

66
Grand Piano
Instrument17
Instrument18
Instrument19

67
Grand Piano
Instrument17
Instrument18
Instrument19

68
d Piano
ument17
ument18
ument19
70
d Piano
ument17
ument18
ument19

71
Grand Piano
Instrument17
Instrument18
Instrument19
73
Grand Piano
Instrument17
Instrument18
Instrument19

74
d Piano
ument17
ument18
ument19
76
d Piano
ument17
ument18
ument19

77
Grand Piano
Instrument17
Instrument18
Instrument19

78
Grand Piano
Instrument17
Instrument18
Instrument19

79
and Piano
trument17
trument18
trument19
80
and Piano
trument17
trument18
trument19

81
Grand Piano
Instrument17
Instrument18
Instrument19
82
Grand Piano
Instrument17
Instrument18
Instrument19

83
and Piano
trument17
trument18
trument19
84
and Piano
trument17
trument18
trument19

85
Grand Piano
Instrument17
Instrument18
Instrument19

86
Grand Piano
Instrument17
Instrument18
Instrument19

87
and Piano
trument17
trument18
trument19
89
and Piano
trument17
trument18
trument19

91
Grand Piano
Instrument17
Instrument18
Instrument19

92
Grand Piano
Instrument17
Instrument18
Instrument19

93
and Piano
trument17
trument18
trument19
94
and Piano
trument17
trument18
trument19

95
Grand Piano
Instrument17
Instrument18
Instrument19
96
Grand Piano
Instrument17
Instrument18
Instrument19

97
rand Piano
trument17
trument18
trument19
98
rand Piano
trument17
trument18
trument19

99
Grand Piano
Instrument17
Instrument18
Instrument19
100
Grand Piano
Instrument17
Instrument18
Instrument19

101
and Piano
trument17
trument18
trument19
102
and Piano
rument17
rument18
rument19

103
Grand Piano
Instrument17
Instrument18
Instrument19
104
Grand Piano
Instrument17
Instrument18
Instrument19

105
and Piano
trument17
trument18
trument19
106
and Piano
trument17
trument18
trument19

108
Grand Piano
Instrument17
Instrument18
Instrument19

Made in the USA
Las Vegas, NV
28 July 2022

52326197R00020